斎藤一人 すべての悩みに答えます！

著者 斎藤一人
インタビュアー 柴村恵美子

ロング新書

はじめに

この本は、斎藤一人・柴村恵美子会公式サイトで以前に配信していたメールマガジン〝一人さんへの質問コーナー〟を、そのまま書き起こしたものです。

このコーナーでは、恋愛や人間関係、仕事や子育てについての悩みや疑問を、私、柴村恵美子が投げかけ、一人さんが解答しています。

毎回収録のときは、一人さんに「質問読んでみて」と言われ、一回通して読みます。

その間、一人さんは、うん、うん、とうなずくだけ。そして読み終わると「よし、始めよう」と、もう収録開始なのです。

「その質問、答えにくいからやめよう」とか、「もっといい質問ないの」とか、一人さんは絶対に言いません。

「こんなこと聞いていいのかな、って思うやつほど持っておいで。みんなの役に立つから」と言うのです。

しかも、お聞きになったことがある人は、後ろでトラックの音とか工事の音とかするけど、一体どこで録っているんだろう、とお思いになったことでしょう（笑）。

実は収録場所は、まるかん本社の隣にある、小さな会議室。もちろん壁は薄いし、厳重な扉もありません（笑）。

「一人さん、外の音入っちゃってるけど、いいんですか」と聞くと「これが味があっていいんだよ～（笑）」

そんな、いつも変わらない自然体の一人さんの、頭の中にあることを、みなさんからの質問のおかげで、楽しく引き出すことができました。

一人さんはこれまで数多くの本を出していますが、この質問コーナーにはどこにも語られていないお話がたくさんあります。

また、楽しい会話の中で聞く一人さんのお話は、スッと頭に入ってくる、笑いながら学べる、漫才より楽しい（笑）と、うれしいお声をいただき、ぜひ、みなさんにも聞いてもらいたいと、音声を付録でつけさせていただきました。

私は一人さんと出会って四〇年以上になりますが、あまりに意表をつかれる楽しい解答に、笑いが止まらなくなって録音を中断し、やり直したことがあります。

一人さんはどんな音声もすべて一発録り、一発ＯＫなので、中断したのは私です（笑）。

さあ、これから始まる質問コーナーの主役は〝自分〟です。〝読めば利口になる、聞けばメチャクチャ利口になる！〟一人さんが自分に、そして自分の大切な人に語りかけていると思って、ぜひ楽しんでお読みくださいね。

読みづらいところもあるかと思いますが、一人さんの口調をできるかぎり、そのまま生かしておりますこと、ご了承ください。

柴村恵美子

目次

はじめに…1

テーマ1 恋愛、結婚、夫婦関係

片想い中です……16
同棲して二年程の彼がいます……17
恋人とうまくいかないときは何が原因ですか？…19
離婚している元夫から執着があるのが悩みです……20
結婚相手を決めるポイントは何でしょう…22
なかなか素敵な男性にめぐり会えません…25

ひとりさんの考える、素敵なプロポーズ法とは…28

テーマ2 人間関係、生活

どうして苦手な人、自分と合わない人が現れるのでしょう……30
ストレスとは何ですか…31
二四時間では足りません…34
「足りるを知る」と「欲を出せ」のバランスは?…36
体罰についてどう思われますか…38
なぜかやる気が起きません…40
家族の中にいると、不機嫌でしかいられません…42
不妊に悩まされている方が多い気がします……45

自分は愛だと思っていても他人は愛だと受け取らないとか……47
精神的なもので外出が思うようにできず……49

テーマ3 仕事

これからの時代に、成功する人はどんな人だと思いますか…52
理想の就職先、次は何が来ますか……54
会社員でひとりさんのようにお金持ちになることはできるのでしょうか…55
若い女性の社員の管理は?…56
メンタルの弱い部下への接し方、愛し方を教えてください…57
わくわくする仕事が見つかりません…58

スタッフを許せず解雇してしまったのですが…61
どうして仕事に行きたくなってしまうのでしょう…63
仕事上、二カ月くらい睡眠時間三時間で、なんとかやってます……65

テーマ4
子育て

自閉症と診断されている息子が最近……68
いつも子どもを怒って、後悔、反省の繰り返し…71
中一の息子のだらしない生活態度にイライラ…72

テーマ5

ひとりさんに対する興味

ひとりさんが成功したと思ったのはいつですか…76
ひとりさんにとっての資産とは何ですか…77
ひとりさんが、いい女だと思う人ってどんな性格の人ですか…78
ひとりさんは、夜寝る前と朝起きた瞬間、どんなことを考えますか…79
ひとりさんが、今世これからやっていきたいことは何ですか…80
ひとりさんが、今までにあった「一番大変な目」ってなんですか（笑）…82
「自然体でいる」ということは…83
ひとりさんの財布は…85

ひとりさんは、なぜいつも黒いお洋服なんですか…86
ひとりさんは、どんな「そば屋」が好きですか…88
ひとりさんは新年を迎えたとき、今年はこんな年にしたい、という目標みたいなものはありますか…89

番外編

若い人からひとりさんへ聞きたいこと

ひとりさんは二〇代の頃、どんな生活をしていたのですか…92
もて続ける秘訣は…93
何も夢がないとき、何から始めたらいいですか…95
どうやったら、ひとりさんのお話にあるように、欲を燃やして生きることができますか…98

一日、何時間くらい寝るのが理想ですか…100
二〇代のうちに、やっておくべきことって何ですか…101
二〇代のうちは、どんなことにお金を使うべきですか…103
ひとりさんの好みのタイプの有名人（女性）を教えてください…105
毎日をもっと燃えて生きるためには…107
後片付けがどうしても苦手で…110
結婚はどういうタイミングで決断すればいいですか…111
そろそろ子どもを生みたいけれど……113
お金に感謝とは?…116
今の仕事は好きです。でも、やってみたい仕事もあって………118
おごりの気持ちが出てきてしまいます…119
私は、今、行政書士の勉強をしています………121

主婦でも、押し出しをしてもよいのでしょうか…123
もっと魂の成長を加速させたいです………126
仕事中、しゃべりかけてくる先輩がいます………127
しあわせな夫婦生活を続けて行くために………131
笑いながら一人さん脳になる…136
笑っていたら悩みが消える…137
楽しい一人さん脳…142
頭にあるから行動できる…146

テーマ 1

恋愛、結婚、夫婦関係

片想い中です……
効果的な男性へのアプローチ法を教えてください。

(ひとり)恋っていうのは片想いだろうが両想いだろうが、恋してりゃあ、しあわせなの。で、どんなアプローチでも、うまく行くときは行くし、行かないときは行かないの。

だから「こんなアプローチをしたらうまく行くよ」なんていう方法があったら、世の中で一人で悩んでいる人なんか誰もいないよ(笑)。

それより楽しく片想いしてな。で、楽しく片想いしていればね、楽しそうだし、しあわせそうだし。

あなたがしあわせそうなのが、一番いいアプローチなんじゃないかな。

同棲して二年程の彼がいます……

結婚したいと思っているのですが、なかなかプロポーズされませんし、自分からする勇気がありません。男性は女性から結婚の話をされたら嫌でしょうか。

嫌じゃないんじゃないの。

それが嫌だったら、結婚したくないんだよね。だって結婚したい人から「結婚したいね」とか言われたって嫌じゃないから、言ってだめだったら、早く次を見つけた方がいいよ。嫌だっていうやつとは一緒にいたってしょうがないよ。

二年も一緒にいて、そんなこと言うのに勇気がいるっていう関係がおかしいんだよ。

サラッと言った方がいいよ。

言いづらいというんだったら、相手にも言わせたくない何かがあるんだから、その前に別れた方がいいよな。

恋人とうまくいかないときは何が原因ですか？

お互いに想い合っているのに価値観の違いで、勘違い、すれ違い、喧嘩が多く、恋人と別れてしまいました。「相手を幸せにしたい！」とお互いに思っているのに、うまくいかないときは何が原因ですか？

縁がないの。縁があるとね、毎日ケンカしてても一緒にいるの。だから縁がないからしょうがないの。

男と女っていうのは、夫婦でも何でも、毎日ぶっ叩きっこしてても、最後まで一緒にいるの（笑）。

ちょっとしたことですれ違っちゃって、別れちゃう人もいるの。だから縁がないっていうことなの。

離婚している元夫から執着があるのが悩みです……

二人の子供がまだ小学生で、元夫の方に居ます。以前キッパリ「もう気持ちがない」と断ったら「もう子供には会わせられない」とか「今まで家族で旅行に行った時のお金全部返して」とか言われました。私は乳ガンだし、先日卵巣摘出もしたし、私じゃなくても他に彼女ができた方が元夫も幸せだと思うのですが……どうしたらいいでしょうか。

ひとり　あのね、旦那に彼女ができた方がいいとか、いろいろ言うのは、あんたの希望だよね（笑）。

世の中、あなたの希望通りにはならないんだよ。

で、そういう旦那と別れられただけでしあわせ。

執着があろうがなんだろうが、毎日隣にいないだけでしあわせ。

金返せって言われようがなんだろうが、今別れられただけでしあわせ。

執着されようが何しようが、隣にいないだけでしあわせ。

どっかいい人が出てきて、私から執着がなくなればいいとか言うけど、そんな変な男と結婚するのあんただけ（笑）。

彼女も奥さんも絶対できない。だから執着してるんだから。

もう逃げられただけでしあわせ。そうじゃないと執着されていることを不幸に思っちゃうから。別れられただけでしあわせ。

で「しあわせだ、しあわせだ」と思っているうちに、それがしあわせを呼んでくるから。

今のままだと「不幸だ、不幸だ」だから、不幸を呼んでくるからね。

結婚相手を決めるポイントは何でしょう

これは二通りあるの。

経済力がないんなら経済力のある人と結婚するの。

たとえば女医さんみたく、私は収入があるんだったら、顔。かわいい顔してるとか、好みの顔してるとか。

なぜかと言ったら、あなたが選ぶの。で、あなたが食わしてあげればいいんだよ。

事情によって違うんです。

だからあなたの事情がどんな事情か分かんないけど、私が生活力がなくて困っているって言うんだったら、生活力のある男。優しさに飢えているんだったら優しい男。

あなたは何を求めてますか。それによって違うの。

で、周りの話を聞いちゃだめだよ。ひとりひとり全部事情が違うの。

それと、最終的にだめなら別れればいいの。

昔は別れちゃいけないって言ったからいろいろ苦労したけど、間違いはあるんです（笑）。で、間違いは何度でもやり直すべきです。

だから何度でも間違ってたらやり直す。

で、間違いはないにこしたことないから、自分にはどんな人が必要なのか。

経済的に自分は女医さんやなんかで豊かなのに、たくましい男とか強い男とか望むと、女医さんやりながら金稼ぐだけでも大変なのに、旦那の機嫌までとらなきゃいけないから、いらないから（笑）。

そしたらかわりに家事やってくれるような人とか。

っていうのは、俺がいいんじゃないかって言っているの。自分がいいのをさがしなって言ってるの。

それでも強いのが好きだったら、気を遣っていても強いのがいいんだよな。

だから自分の好みっていうのは、俺に聞いても分からないの。

私があなたの好みは？　って聞きたいの。

離婚も恐れず、再婚も恐れず、ひとりで生きることも恐れず（笑）。

なかなか素敵な男性にめぐり会えません

積極的に婚活のイベントにでかけたり、メイクやファッション、料理も勉強して自分磨きをしているのですが、なかなか素敵な男性にめぐり会えません。アドバイスをください。

ひとり これね、答え二つあるんだけどさ、自分磨きしてるって言っても、相手から光って見えなきゃだめなんだよ。

だから、相手から見て魅力的ですか？　っていうこと。

それから、素敵な男性っていうよりも、結婚って修行だから、自分にとって一番相性が悪いのが出てくると、それと結婚しちゃうようになってるの（笑）。

それで修行が始まるから、素敵とか最初思っても、たいして素敵なやつじゃないいんだよ。

結婚すること自体が修行なの。

だから早く修行が来た方がいいのか、あとから来た方がいいのか分からないけどね。


ともかく出てきたら結婚しちゃうから。大丈夫だよ。

それで、それでもしあわせになるという修行なの。

だから一番いけないのは、相手にしあわせにしてもらおうと思っちゃだめなんだよ。

しあわせは、人にしてもらうことができないんだよ。

だからどんな亭主でも、しあわせだと思っちゃうとかな。

フラダンス習いに行くとか、ハンドバッグ買うとか。

一番いけないのは、旦那の性格変えようとすること。相手を支配しようとしたときがだめなんだよな。もめてる家は必ず主導権争いなんだよ。

それでね、旦那とか女房なんて従わせたってしょうがないんだよ（笑）。

それより、世間に行って戦いな。外で戦った方がいい。

女房やっつけても旦那やっつけても、どうしようもないから。

はい、そんだけだよー。

ひとりさんの考える、素敵なプロポーズ法とは

ひとり ん～、素敵だろうがなんだろうが、結婚というのは、早く結婚して後悔するか、遅く結婚して後悔するか、二つに一つなんだよね（笑）。

素敵なプロポーズの前に、これからのこと考えた方がいいよ。

現実は夢よりおもしろいね（笑）。現実ぐらいおもしろいものはないね。

（ひとりさんなら、ちなみに、どんなこと言うんですか）

うーん、恐ろしくて考えられないね（笑）、先のことを考えちゃうと。

考えてもいいけど、そのあとの恐ろしさに比べたら（笑）そんな恐ろしいこと考えられません。

テーマ 2

人間関係、生活

どうして苦手な人、自分と合わない人が現れるのでしょう……

何度、仲良くしようと思っても、どうしても受け入れられない。なぜでしょう。

その前になんで仲良くしようとするの。なんで？ だって合わないんでしょ。で、嫌なやつなんでしょ。なんで仲良くするの。そんなことしてたら、人生がおかしくなっちゃうよって言いたいの。心に素直に従いな。本当にね、長く付き合える人って、人生で五人か一〇人しかいないんだよ。

その五人か一〇人の中に、なぜ嫌なやつを入れなきゃいけないの。

だから、それやめな。

ストレスとは何ですか

最近よく「ストレスが原因で」という言葉を聞きます。ひとりさんの考える、ストレスとは何ですか。また、対処法があれば教えていただきたいです。

（ひとり）ストレスって言うのはね、嫌だと思ったことがストレスなの。だから、よく「神経を使うからストレスがたまる」って言うけど、麻雀やってたりパチンコやったりしているときは使わないの。嫌々やっているからストレスなの。

麻雀なんかものすごく頭使うんだよな。それなのに徹夜でやっていても平気なんだよな（笑）。それでまた、来週やろうとか言うの（笑）。

だから、嫌々やっていることが原因なんだよな。

仕事も楽しくやればストレスじゃないんだよ。

なんでも嫌々やればストレス。あなたがどういうふうに思ってやるかだよね。

だから嫌なことだったら、楽しくしてからやればいいんだよね。

それともう一個ね。人間って、ストレスがないとだめなんだよ。

多少のストレスって、いるの。東京って道路渡るのだって、車がたくさんで命がけなの。

こんなに危険なところってないんだよね。ライオンに食われる人より、交通事故で死ぬ人の方が多いんだよね。

そういう緊張感のあるところにいると、けっこう東京のお年寄りって長生きなんだよ。

必要だと思えばいいの。それを、これもいけないあれもいけないって言っているのが余計なの。

多少のストレスくらいあった方がいいって思っている方が、ストレスはないの。

二四時間では足りません

毎日、仕事、家事、子どものことなど、やらなければいけないことと、読書、ビデオ鑑賞などやりたいことがたくさんありすぎて、二四時間じゃ足りません。

嬉しい悩みかもしれませんが、もっと時間が欲しいです。どうしたらいいでしょうか。

ひとり　あのね、整理してうまくやるの。

二四時間じゃ足りませんって、全員二四時間って決まってるんだから、そんなこと言ったら、人生めちゃくちゃになっちゃうから（笑）。

その中で自分は、これとこれとこれが大切、とかね。

けっこうムダしてるんだよ、人間って。そんなびっちりうまくやってないから。

簡単に言うと、二四時間しかないの。その間に寝なきゃいけないの、食べなきゃいけないの。その間でうまくやりな。

で、やれる範囲やればいいんだから。

自分だけ二五時間っていうのは無理だからね（笑）。

「足りるを知る」と「欲を出せ」のバランスは？

ひとりさんの話で「足りるを知る」というのがあります。それと同時に「欲を出せ」という教えもあります。このバランスはどこでとったらいいですか。

ひとり　これはね、ひとりさんの話を聞きながら、あんまり欲ばっかり出していると、「足りるを知りなさい」って言うし、欲がないと、「欲持てよ」って言うんで、相手によって言うことが違うんだよ。

車ってな、右にずれすぎてもガードレールにぶつかるし、左にずれすぎてもぶつかるから、うまく調整を取っているんだよな。

自分で考えて、あ〜、自分は欲が足りないなと思ったら、足せばいいし、欲張りすぎててうまく行かないんだったら、欲をなくせばいいし、人生の答えは一＋一っていうのはないんだよ。人によって全部違うんだよ。だから人によって教えがちがうんだよな。

知らない人はオールマイティーの答えを求めるけど、そんなものないよ。人生、数学じゃないからな。そのことはよく覚えておくんだよ。

体罰についてどう思われますか

ひとり 体罰っていうのはね、必要なの。だから刑務所があるの。

法律違反前だったら、怒られるだけなんだよな。

で、法律を犯すと、刑務所の中入れられちゃうんだよ。あれ体罰なんだよ。

一年間刑務所から出られないっていうことは、体を拘束されるんだよな。

だから体罰って言うんだよな。国から体罰受けないように気をつけた方がいいよな。

俺たちは警官でも裁判官でもないのに、人のこと殴ったり逮捕したりできないの。そんなことはとんでもないの。

この世の中から体罰が、まだ全部消えちゃうというほどの世の中じゃないの。

だから歴然として犯罪者がいる。犯罪者を入れとかなきゃいけないところもある。

魂の成長的には、そんなもんだね。

なぜかやる気が起きません

今しかできない子育ての時期をもっと楽しみたいし、他にも何かやりたいことに一生懸命になりたいのですが、なぜかやる気が起きません。「自分が生まれてきた使命」を知ることができたらスイッチが入ると思うのですが、どうやったら知れますか。

ひとり 質問の意味が分からない。何がやりたくないの。結局何がやりたいの。子育てを楽しみたいの？　家事を楽しみたいの？

簡単に言うとね、もう少し明確にしな。聞かれている俺が分からないの。だから自分の生き方を明確にしな。それから人に言うとき、神様にお願いするときだって、何言ってるんだか分からないと聞きようがないんだよ

（笑）。

だから今世のあなたの使命は、相手に分かりやすくものをしゃべる。明確にする。

そうすればやる気も起きるから。

おそらく頭の中もごちゃごちゃなの。だから質問がごちゃごちゃなの。もう少し分かりやすく整理すること考えてごらん。

今世のあなたの使命は脳の中を整理すること。心の中を整理すること。お部屋を整理すること。いろんなふうに受け取られるような質問をしちゃうっていうことは、整理されていないの。

だからあなたの使命はしっかり整理すること。人に質問するときでもなんでも。それで直る。

家族の中にいると、不機嫌でしかいられません

私は実家ではなく、自由な一人暮らしをしています。家族のことが重く感じられ、年一回会うのですら、ゆううつです。母親からは「将来あなたのそばでよろしくね」というプレッシャーを感じるし、電話もうっとうしくて、私はほとんど無言です。家族の中にいると、不機嫌でしかいられません。でもやっぱり感謝しているところもあるし、こう思ってしまう自分を責めてしまいます。どうすればいいのでしょうか。

簡単に言うとね、仲の悪い親、兄弟っていうのは千年くらい悪いの。で一番いいのは、年に一回会っても、会うのがゆううつですって言うんだ

としたら、年に一回会うのやめちゃえばいいの。

因果を消すのに一番いいのは、まず合わない人とは会わないことなの。

会わなければいいの。それを無理に会っているから、いつまでも嫌な感じがするの。

親だから仲良くしなきゃいけない、兄弟だから仲良くしなきゃいけない、それは個人個人、別の問題なの。

会ってて楽しい人が会えばいいの。楽しくない人は、会わない方がなぜかいいの。

会わないで何年かすると、なぜか仲良くなれるときが来るの。

それを、嫌なのを我慢して会っていると、ずーっとそれが続くの。

だからためしに、三年なら三年、連絡を取らないでみな。四年目には会いたくなるか分からない。それが正しいの。

世間一般の言っていることが正しいんだったら、苦労している人ってほとんどいないからな。

会わない時期をつくること。戦争でもなんでも、休んだら緩衝地帯って言ってお互いが触れちゃいけない場所みたいのを、少し作っとかなきゃいけないの。

※因果を消す、とは一人さんの教えの一つで、全てのことは原因があって結果があり、今あなたに起きていることは、すべてあなたが蒔いた種だから、楽しく消すことが大切だよ、ということです。

不妊に悩まされている方が多い気がします……

何の因果があるのでしょうか。

ひとり それね、質問っていうのは本来は、自分のことしか、しちゃいけないの。人の悩みまで悩んでいたら、無尽蔵に悩みがあるから病気になるよ。他人の苦労までしょっちゃだめなの。

因果で教えてあげると、前世子どもがいるときに、子どもを大事にしなかった、要するに、前世大事にしなかったもので今世困るの。

今世お金に困っている人っていうのは、前世お金があるときにお金を粗末にした、子どもができないで困っている人は、子どもがいるときに粗末にした。

奥さんがずーっとできない人は、奥さんがいるときに大事にしなかった。前世、俺が、どのくらい女性を大事にしたか（笑）。

だから自分が前世大事にしたものが、今世寄ってくるっていうのが因果の法則で、全員が因果の法則にのっとって生きているわけじゃないからな。人のことをあんまりかまっちゃだめだよ。人には人の苦労があるの。

で、その人にはその人の喜びがあるの。

だから目が行くんだったら、その人のしあわせな部分に目が行くようにしな。困っている部分に目が行っちゃだめだよ。

困っているなっていう目で見ると、相手がその波動まで背負って、余計に困るからね。

こちらが楽しい波動を送ってあげるの。自分も楽しく生きるの。

そうやってやらなきゃだめだよ。

自分は愛だと思っていても他人は愛だと受け取らないとか……

今、神様のお手伝いをしているんだと思っても、正解か不正解か分かりません。すぐに見分けられる方法を教えてください。


ひとり　人に対していつも明るく接して愛情がある。要するに、明るくて親切にしてればいいんだよね。

それでもなんか言うやつがいるから、相手にしちゃうんだよ。

そいつは性格悪いの、相手が悪いの。

人に対して明るくて親切にしていること以上に、やることってないんだよ。

それでなんか言うやつがいたら、そいつがおかしいの。そういうやつとは付き合わない。

で、迷っちゃだめだよ。私がおかしいんじゃないかとか思っちゃだめだよ。世の中、相手が間違っていることっていっぱいある。それで十分なの。で、おかしなやつがいたら付き合わない。そしたら今度いい人間が集まってくるからな。おかしなやつに好かれたら、おかしなやつだからね。泥棒に好かれたら、おまわりさんとかだめなんだよ。それと同じように、嫌なやつから見て嫌なやつじゃなきゃだめなの。

誰からでも好かれようっていうのはだめだよ。おまわりさんが犯罪者から好かれちゃだめなんだよ。犯罪者からは恐れられなきゃだめなの。

ブスッとしているやつにとって、ニコニコしているやつは許せないんだよ。だからって向こうが間違っていることを、こっちが改めちゃだめなの。改めるのは向こうの方なの。

精神的なもので外出が思うようにできず……

仕事もできない状態で悩んでいます。病院で薬を処方していただいています。

天国言葉などを部屋に貼って、なるべく口に出すように心がけていますし、お風呂に入ると体にありがとうと言葉をかけています。神様や家族、自分にもありがとうと言ってから寝ます。

それでも三年目に突入してしまい、治りません。何か方法があれば教えてください。

ひとり えーとね、いろいろやって努力しているのは分かるけど、治んない、だから、そのやり方じゃだめなんだよな。

うちにサプリで○○っていうのがあるから、それ飲みな。

で、治ればめっけもん。治らなきゃやめればいい。

今やっていることは治んないっていうことは分かったから。新しいことやったほうがいい。同じことをやってたってしょうがないから。

宣伝になっちゃって悪いけど、他に説明のしようがないから。

※天国言葉とは、これを言っていると、自分にも周りにも、いいことがどんどんやってくる前向きな言葉〝愛してます　ついてる　うれしい　楽しい　感謝してます　しあわせ　ありがとう　ゆるします〟

※サプリで○○とは、商品名なので、載せられなくてごめんなさいね。ご興味のある方は、お近くの銀座まるかん特約店さんをお訪ねください。

テーマ
3

仕事

これからの時代に、成功する人はどんな人だと思いますか

ひとり　ともかくね、いつの時代も、これからも、くそもないの（笑）。

ともかく行動する人。行動する人っていうのは、失敗も多いけど成功も多いの。

何もしない人っていうのは、何も起こりようがないんだよ。

宝クジも買わない人は、絶対当たらないのと同じで。

行動して、また考えて、行動する。まずは行動する。

よく考えている人は行動しないからね。

行動しながら考える、行動しながら考える。

失敗したら反省なんかしている暇ないからね（笑）。次をやる。そのくり

返しだね。

いつの時代も成功とは行動だね。この星は行動の星だから、行動しないとどうにもならないの。

行動すると道は開けるっていうそういう星だから、それを楽しくやることだね。

あんまり苦労しちゃだめだよ。

理想の就職先、次は何が来ますか……

理想の就職先と言えば、ちょっと前までは大企業。その次は公務員。次は何が来ますか。

ひとり 時代が変わると、これからこう変わると思っているような変化じゃないの。簡単に言うと、これからは大手がいいとか中小がいいとかじゃないの。あなたが理想の社員になること考えな。どこへ行ってもいいから。あなたが理想を選ぶ時代じゃないの。もう理想が変わったの。あなたが理想的な社員になることはなんだろうって考えないと、時代から置いて行かれるよ。

会社員でひとりさんのようにお金持ちになることはできるのでしょうか

やはり商売をしなければお金持ちにはなれませんか。

ひとり　いや、そんなことないよ。例えば不動産に投資するとか株に投資するとか。なんにしろお金持ちになるっていうのは、なんでも難しいんだよ。だから何をやったらもうかるとか、一生懸命に人より勉強しないとだめだよ。土地も買っといたら全部上がるわけじゃないからね。

今は、上がる土地もあれば下がる土地もあるし、その中で上手にやらないといけないけど、そんなに大変な思いしなくても楽しく生きられたら、それが一番いいよ。だから、無理にお金持ちにならなくてもいいと思うよ。

若い女性の社員の管理は？

私は若い女性服を販売する会社の社長です。スタッフがだいたい一八〜二八歳でデパートなどに勤務しており、直接、目で見ての管理ができておりません。ひとりさんだったらどのように指導されますか。

ひとり これ、こういうことなのね。

女の社員っていうのはな、社長に惚れてりゃいいんだよ。惚れた人のためには一生懸命やるんだから、魅力的な社長になったほうがいいよな。

社員が全員惚れてりゃいいんだよ。だから魅力的になんな。

メンタルの弱い部下への接し方、愛し方を教えてください

ひとり　メンタルって何？　それよりね、相手が分かる言葉使った方がいいよ。

メンタルなんて言われてもね、分かる人少ないいんだよ。言葉っていうのはね、相手が分かる言葉使うこと自体が思いやりだから、まずそこから始めなきゃだめだよ。

相手が分かるように分かるように話せば、あぁ、この人は自分に対する思いやりがあるんだなって思うから。

難しい言葉やたら使っちゃだめだよ。会話っていうのはつながらなきゃどうしようもないんだから。

今の質問、俺、説明してくれる人がいなかったらつながらないよ。

わくわくする仕事が見つかりません

二七歳にして仕事を辞め、やりたいことを探し始めましたが、見たり聞いたりすることに一つもわくわくできず、もう半年が経ってしまいました。どうやったら見つかるでしょう。

仕事っていうのはね、だいたいおもしろくないんだよ。

これ基本だからね。それで、おもしろくないものはおもしろいものと組み合わせるんだよ。そうするとおもしろくなる。

俺は昔から女が好きなんだよ（笑）。

女が好きっていうことは、デートすりゃあお金がかかるな。かっこいい服も着て行かなきゃいけないとか、ごちそうしてやらなきゃいけないとか思うと、仕事の方にも励みが出るの。

だから君は、釣りが好きだとか、海外旅行が好きだとか、何が好きかを、きちっと見極めるの。

よくピアノが好きとかいう人がいるんだけど、「子どものときからやっているけれど、一時本当にやりたくなくなって、やめたことがある」とか。それ、たいして好きじゃないんだよ。

俺は昔から女が好きだけど、一度も嫌になったことがない（笑）。

こういうのを揺るぎない愛っていうんだよな（笑）。

揺るぎない愛のために人はがんばるのであって、仕事のためにがんばっている人とか、本当に仕事が好きな人とかって少ないよ。

だからあなたは、自分がまず好きなものをやるのに何がいる、そのために働こうってやっているうちに、だんだん、だんだんごちゃまぜになってきて、仕事まで楽しくなってきちゃうんだよ。
そういうやり方だからな。まずな、何が一番好きか考えてみて。
それも、金がかかるものがいいな。働くしかなくなるから。
男は女が好きなのが一番健全だな。一番金かかるから（笑）。

スタッフを許せず解雇してしまったのですが

小さなお店をやってます。四人いるスタッフのうち、一人だけミスやグチ、悪口が多く、何度許そうと思っても他のスタッフの足を引っ張り、とうとう我慢出来ずに解雇してしまいました。はたして良かったのでしょうか。もっと許してあげるべきだったのでしょうか。


あのね、基本的に考え方が間違っている。

間違ったことをしたり、グチだとか泣き言だとか言ったら、もっともっとうるさいぐらい注意してあげなきゃいけないんだよ。許してあげるという問題じゃないの。

もっともっと注意すれば、なおったか分からない。

辞めさせなくても、相手が辞めていったか分からない。

悪いことをしている人間とか、間違ったことをしている人間を、教えてあげるのが指導者なの。

経営者とは指導できなきゃいけないの。許すのが仕事じゃないの。指導するのが仕事なの。

これから同じような人が来たら、これはだめだよ、これはこういうわけでだめだよって教えてあげるの。

怒るんじゃなくて、なぜだめなのかを教えてあげるの。

それをこんこんとやり続けるの。それはうるさいと思われるんじゃなくて、当然なの。

指導者は指導するのが仕事なの。許すのが仕事じゃないの。

どうして仕事に行きたくなくなってしまうのでしょう

自分の仕事はとてもやりがいのある、素敵な仕事だと思っているのですが「もっと顔晴れる！」と思うときと、「もうやめたい」と思うときが山と谷のように来ます。肉も食べ、ひとりさんのサプリも飲んで、「絶好調」と言い、「笑顔笑顔」と言い聞かせて仕事に行っていますが、どうして行きたくなくなってしまうのでしょう。

ひとり 人間って、山があったり谷があったりするもんなの。
なんで行きたくなくなるのでしょうって、人間だから。
やる気があるときがあるだけまし。あんたえらいよ。

だからそれをなくしちゃ、機械じゃないからな。
人間ってそんなものだけど、普段やる気があって、なくなるときがあるんだろ。
あるだけまし。立派だから褒めてあげなよ、自分のこと。
がんばってるから、これ以上やることない。立派なもんだよ。

仕事上、二カ月くらい睡眠時間三時間で、なんとかやってます……

倒れるときは神様がそうさせてくれると思ってます。改善しなくてはと思いつつ、やはり、ダメですよね？


この問題は、視点がね、三時間しか寝てないことじゃないんだよ。よっぽど儲かっているんだよね。それを考えた方がいいよ。

普通の人って何時間も寝ているよね。まさか三時間しか寝ないでやって、普通と同じ収入ってことはないよね。

だとしたら何かがおかしいんだよね。

よっぽど金持ってるか儲かってるか。じゃなかったらおかしいんだよね。

そういう視点にして、これおかしくないかな？　って考えた方がいい。

普通の人の給料倍とってるっていうなら分かるけど、普通と同じで三時間しか寝れないなら何かがおかしいから、そこから考えてごらん。

そしたら見えてくるから。

テーマ 4

子育て

自閉症と診断されている息子が最近……

人の嫌がる笑えない冗談や嫌味、ヒッヒッヒという甲高い笑い声ばかり。「天国言葉を言うんだよ」と伝えたり「自分が言われたら嫌な気分にならないの」と言ったりしているのですが、止まりません。どうしたら「あなたがいて良かった」と思われるような子に育てられるでしょうか。

ひとり 息子さんを良く変えたいんだよね。

息子さんを良く変える方法っていうのは、影響力を与えられればいいんだよね、子どもにね。で、今息子は嫌な話をしたりイヒヒって笑ったりして、あなたが嫌な思いをしているんだよね。

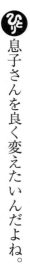

人に影響を与えたかったら、あなたがしあわせになる。

フラダンス習いに行くとかハンドバッグ買うとか、どこからどこまでもしあわせになっちゃうと、相手にだまっていても影響するものなの。

その子どものことかまってちゃだめだよ。子どものことかまう暇があったら、自分がもっとしあわせになるの。

ずばり言うけど、お母さんが嫌いなの。だからお母さんが困ることをしたいの。

要するに、かまいすぎてうるさかったの。常識を押しつけたんだけど、親の常識って二〇年とか三〇年遅れなの。

いい子だったから聞いちゃってたの。それで、ことごとくうまく行かなかったの。

それで頭に来ているの。だからお母さんが、子どものことを忘れてしあわせになるの。

「お母さんわるかったよね。あんたの育て方間違えちゃって。お母さんも未熟だからさ。未熟は未熟でもこれからしあわせになるから。あんたはあんたでしあわせになりな。

私は私でしあわせになるから」

それでお母さんの姿を見ていたとき、自分がこんなくだらないことを、人が嫌がるようなことをしているのが、バカバカしくなるような生き方をしなきゃだめだよ。

お母さんは口で言うんじゃないよ。しあわせの見本を見せなきゃだめだよ。

いつも子どもを怒って、後悔、反省の繰り返し

私は外面は優しいイメージなのですが、すぐ子どもに怒ってしまいます。「すぐ怒るヤツはバカだ」まさに、私のコトです。いつも、怒って、後悔、反省。その繰り返しです。怒らない性格になるには、どうしたらいいでしょうか。

ひとり　あなた、ましなの。なぜかって言うと、怒ったあと後悔するっていうのは、怒っちゃいけないっていうふうに思っているんだよね。それで怒っちゃう。で反省する。

だいたいこれを、生まれ変わりにして四～五回やると直るんだよ。

だからあと一〇〇〇年後には直ってる。

だいたい五回も生まれ変わると直るから、気長にやらないとだめだよ。

中一の息子のだらしない生活態度にイライラ

高三の娘と、中一の息子、三歳になる次男がいます。高三の娘は勉強も自発的にしてくれるのですが、その反面、中一の息子のだらしない生活態度にイライラしてます。

部活は頑張っているので、ずっと欲しがっていたiPad（アイパッド）を、使用時間などきちんと守ると約束した上で買ってあげました。ところが、約束は全然守らず、ダラダラ使っていて生活態度はますます悪くなる一方。取り上げても反省もせず、「返せ！　返せ！」と言うばかり。どうしたら良いでしょうか？

返してあげな。返してあげればいいの。

それとね、心配してたような子とか、かわいがらなかった子どもに世話になるの。

時間決めてとかケチくさいこと言わないで、その子の時間なんだから、やりたいだけゲームでも何でもやらせてあげればいいの。

思いっきりやらしてあげな。お姉ちゃんと、この子と、どっちが出世するか分かんないの。

それからアイパッドみたいな時代が来るか分かんないの。この子が社会に出る頃には、時代が変わってるから。

お姉ちゃんより出世するかも分かんないし、アイパッドとかなんか、そんなの好きなんだから、好きなだけやらしてあげな。

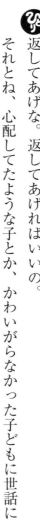

夜中までやってたら「もっとがんばんな！」（笑）。「それじゃ普通の人と同じだよ」。

三時までやったら「五時までは、がんばんな！」（笑）。

どうせ、だらしないんだから、何か一つぐらい一生懸命やんな。

約束したって守れないんだから、約束なんかすることない。

それよりも思いっきり、そのことやらしてあげるの。そしたら何か道が開けるから。

「もう寝なさい」とか言っちゃだめだよ。

その息子は普通じゃないんだから。普通じゃない息子に普通のこと言ったって、通らないんだよ。

普通以上のお母さんになるんだよ。分かったかい。

はい、以上でーす。

テーマ 5

ひとりさんに対する興味

ひとりさんが成功したと思ったのはいつですか

ひとり　これはね、みんなうそだと思う、と思うんだけど、本当の話。

誰でも成功した人は同じようなこと言うんだけど、成功した人は成功したと思ってないんだよね。これからだと思っているの。

だからね、人間国宝みたいな壷つくる人でもなんでも「まだまだです」って言うの。

あれ分かるよ。

ひとりさんにとっての資産とは何ですか

自分だね。
だって何百億も生み出しちゃう体でしょ？　これが。
何があったってこの体があれば、何回でも立ち直れるんだよね。
それ以上の財産ってないよね。

ひとりさんが、いい女だと思う人ってどんな性格の人ですか

ひとり まず俺のこと好きな人。

俺のこと嫌いなやつは性格わるいね（笑）、俺にとってね。

自分の嫌いなやつのこと、いくら好きになってもしょうがないんだよね。

第一は自分を好きかどうか、相手が。それがいい性格だね。

俺のこと好きだって言うだけでいい性格だね。

ひとりさんは、夜寝る前と朝起きた瞬間、どんなことを考えますか

ひとり 寝る前は「眠いなぁ」と思うんだよな。
朝起きるときは「起きよう」と思って、勢いつけなきゃ起きられないから。
そんなもんだな。

ひとりさんが、今世これからやっていきたいことは何ですか

ひとり 流れだね。流れっていうのは道っていうのがあるんだよ、人には。

道ってタオっていうけど、道があるから、これから俺が何していくのか。

例えば本書くのか、新製品つくるのか、こういう質問受けるのかっていうのは、明日は明日で道があるんだよね。

今日は今日で、突然恵美子さんが訪ねて来て、こういう質問になっちゃうんだよな。だから何があっても一生懸命答えたり、一生懸命やる。それしかないんだよね。

人間ってね、やりたいことをやっているんじゃないの。

実は出てきたものを、一生懸命やっているの。

これからどうしますかっていうと、また明日は明日でね、いろんな人が出てくるし、いろんな問題が出てくるけど、それを斎藤一人らしく答えていく。これしか方法がないんだよね。やりたいことやっているんじゃないの。

「人智を尽くして天命を待つ」っていう考え方と、俺みたく「天命に任せて人智を尽くす」

要するに、天命で出てきたことを一生懸命やるんだっていうことだから、一生懸命やることは考えているけれど、先に何が出てくるかはお楽しみなの。明日は明日、まったく分からないのがお楽しみっていうことかな。

楽しい人生を送りたかったら、何が出てきても楽しめる自分をつくることだよ。

※タオとは、中国哲学上の用語の一つで、普遍的法則や道徳的な規範、道、など広くを意味する言葉です。

ひとりさんが、今までにあった「一番大変な目」ってなんですか（笑）

ひとり　恵美子さんに本を出させられたこと（笑）。それから講演をやらされたこと（笑）。

今もこうやってひっぱり出されて、質問をされていること（笑）。

まぁ人間、そんなもんがさだめなんだね。

「自然体でいる」ということは

ひとりさんのお話は、あまりにも自然体なのが印象的ですが、「自然体でいる」というコトも「欲」なのでしょうか？

ひとり　あのね、こういう質問しちゃだめだよ。

なんでかって言うと、これも欲なんですかあれも欲なんですかって、あんまり世の中難しく考えちゃだめだよ。

あんまり難しく考えると世の中って苦労になっちゃうんだよ。

「ひとりさんは自然体でいいですね」で終わりにしなきゃだめなんだよ。

それもまた欲なんでしょうか、とかやり出して、なんでも頭使い出すと苦労になるから、あんまり追求しちゃだめだよ。

好きな女のこと、あんまり追求してメール見たりしちゃだめだよ（笑）。
何に対してもあんまり追求しちゃだめだよ。
俺の性格追求するより、自分の性格追求した方がいいよ。

ひとりさんの財布は

お金を大切にしているひとりさんは、どんな財布を使っているのでしょうか。

ひとり 仕事を一生懸命やるんです。で、仕事をするのにお金がいるんです。税金も払ったり仕入したり、いろんなことするんですけれど、個人的に言うとお金持ってません。だから財布持ってません（笑）。

周りにいる人がね、処理してくれたりなんかしてくれるから、個人的には私は財布持ってません。

ひとりさんは、なぜいつも黒いお洋服なんですか

ひとり これは会社の人に何買ってきて、って決まってるの。

黒だと選ばなくていいから、白でもいいんだけど、冬場おかしいでしょ（笑）。黒なら夏でもいいからね。黒は地味な色だって言うけど、けっこう目立つ色なの。

そのかわり、ペンダントつけるとかね、そういうことをしないと、本当に暗くなっちゃうからね。それ気を付ける。

それと、上に立てば立つほど、わがままぜいたくを言わないクセをつけないと、俺が会社の人に「何買ってきて」って言うと、ないと、何軒でもさがすの。

帰ってこないからどうしたのって聞くと、一〇軒さがしていました、とか。良かれと思ってやってくれるけど、「一軒目行ってなかったら、もういらないから帰ってくるんだよ」って言わなきゃだめだよ。

上に行ったらわがまま言える、じゃないんだよ。

上に立てば立つほど、わがままを言わないくせつけなきゃだめだよ。

でね、かっこいい人は何着ててもかっこいいの。

それを、男ぶりって言うの。で女は女ぶりなの。

だからもてる人は、演台でステテコで、ビール飲んでたって、もてるの。

かっこいい人は何してもかっこいいの。

押し出すことをいつもやっている人間は、ステテコでも押し出せるの。かっこいい人は何しててもかっこいいの。

男は男ぶり、女は女ぶりで行けるように、修行するの。

ひとりさんは、どんな「そば屋」が好きですか

ひとり 感じのいいそば屋な。

で、感じが良くて味が良ければ、なおいいんだけどさ、いずれにしろ感じがいいことだな。

うまくて感じが悪いんだったら、少しくらいうまくなくても感じがいいほうがいいな。

誰でもそうだと思うよ。

まずいのは慣れるけど、感じ悪いのは慣れないから（笑）。

そういうことかな。

ひとりさんは新年を迎えたとき、今年はこんな年にしたい、という目標みたいなものはありますか

ひとり　会社が儲かってて女にもてて、毎日ハッピーで食いものがうまくて。そのぐらいかな。欲がないから（笑）。

なんでもおいしいんだよ。定食でもなんでも。

あとは気の利いた芸者が二〜三人来て、三味線と太鼓でもあれば、もうそれで充分だよ（笑）。

商売やってると、商売繁盛が一番いいの。商人にとってはな。

で、男は女にもてるのが一番いいの。細かくいろいろ言うやつはだめ。

方針に一貫性がないもんな。俺はブレがないんだよ（笑）。

番外編

若い人からひとりさんへ聞きたいこと

ひとりさんは二〇代の頃、どんな生活をしていたのですか

ひとり　そうだなぁ。毎日楽しく生きてたな。今と同じだよ。

食べるものも変わんない。着てるものもたいして変わんないしね。

変えたいっていうのは今が不満だからだよ。俺、二〇歳の頃からずーっと満足して生きてるから、変えるなんてとんでもないよ（笑）。

何回生まれてもこうやって生きるの。

もて続ける秘訣は

ひとりさんはやっぱり小さい頃から今までずっと、もて続けているのですか。その秘訣を教えてください。


ひとり もてまくってますね。秘訣は絶対教えない（笑）。

今ももてるし、ばんばんもてるけど、秘訣は絶対教えない。

教えない方がいいことってあるの。自分でどうしたほうがいいか、考えるクセつけないとだめだよな。

なんでも聞くクセつけとくと、実力つかないからね。結局もてないんだよ。

なんでもね、自分で考えるクセつけた方がいいよ。

ましてや、女にもてる方法なんていうのはさ、俺が教えてその通りやったって、できないんだよ。

その人が言ったらいいセリフに聞こえるけど、同じ言い方で同じこと言っても、嫌味に聞こえる人もいるんだよな。

だから自分なりのもて方っていうのは、自分で考えるしかないの。

俺のもて方を聞いたって分かんないんだよね。教わったらうまくいくんじゃないかって気持ちは分かるけどね、うまく行かないよ。自分で考えな。

で、知ってても教えないよ（笑）。だって教えたら俺の女が減っちゃうんだぞ。分かるか。

何も夢がないとき、何から始めたらいいですか

ひとり　うん、あのね、夢がないんだからしょうがないの。

そういう人は、周りに夢のある人、いるかい、って。あんたの周りで夢のある人、いるかい。

全然いないのかも分かんないしな。いるのかも分かんない。いたら、その人の夢の実現に協力するの。

自分の夢がなかったら人の夢に協力すればいいの。その方がよっぽど立派だから。

夢がないのに無理に持とうとしちゃだめだよ。ないんだから。

だから協力してあげな。そしたらな、自分の経験にもなるし、相手にも喜

ばれるからな。へたな夢持ってるより一番いいの。

ただしさ、その夢って聞いてみて、その人のためにもなるし、世間の役にも立つし、神様も喜んでくれるような、いい夢じゃなきゃだめだよ。

ろくでもない夢に参加しちゃだめだよ。分かったかい。

お手伝いしている自分も楽しくなるような、な。そういうの見っけるんだよ。

また、こういうやつは、そういうのが見つからないんですって質問してくるんだけど、いいかい、よく考えるんだよ。

あのね、夢がないんです、っていう人の特徴があるんだよ。

「これやったら?」って言うと嫌だって言うんだよ。「あれやったら?」って言うと嫌だって言うんだよ。時間がかかってめんどくさいんだよ（笑）。

俺、これタダで答えてるんだよ。一番大切なのは、あんたが夢持てるかじゃないんだよ。少しくらい納得いかなくてもな、俺みたいな親切な人に出会ったら、「私のためにこんなに親切にしていただいてありがとうございました。何か希望がわいてきました」ぐらいのこと言うんだぞ。

自分のことばっかり言ってたら、人生通らないからな。

それからあんたが夢持とうが持つまいが、世間はどうでもいいんだよ(笑)。

それよりな、人に迷惑かけるなよ。

あっち行ってもこっち行っても、夢がないんです、夢がないんですって言ってると、世間が暗くなるからな。

せめてな、明るくしろとは言わないけど、暗くするんじゃないぞ。分かったか。

どうやったら、ひとりさんのお話にあるように、欲を燃やして生きることができますか

ひとり　うん、それは自分で考えるしか、しょうがないんだよ。

「欲がない」って言ったら、俺がね、「欲持ちな」って、それでいいじゃないかって言うと
「今度は欲が持てないんです、女にもてないんです」って、もてないものいっぱいあるなお前（笑）。

もうちょっと世間が明るくなる会話しな。

「もてないんです」じゃなくて「俺、女なんかいらないんです」って言いな。

分かったかい。強気で行かないとしょうがないからな。

ましてや若いときなんか、実力もなきゃ金もないんだから。

若いときに必要なのは、やる気と気合ぐらいなんだよ。

それもないって言うと、絶望的になっちゃうんだよ。

そうするとまた今度、「ひとりさんに絶望的って言われました」って落ち込むけど、なんでも落ち込む材料にするんじゃないぞ（笑）。

相談して落ち込んでたんじゃ、しょうがないんだよ。いちいち俺のせいにするなよ。

一日、何時間くらい寝るのが理想ですか

そんなもの自分で考えろよ（笑）。

どこの世界でも、寝たいだけなんて寝られないんだよ。仕事があれば起きなきゃなんないんだから。会社勤めしてるんだったら、寝たいだけ寝てらんないだろ。

だから自分の都合に合わせてやるの。分かったかい。

なんでも質問したら答えてくれるんじゃないぞ。

自分でしっかり考えるクセつけないと、通用しない人間になっちゃうからね。

はい、じゃーね。

二〇代のうちに、やっておくべきことって何ですか

ひとり　それはな、よく分かんないけど、仕事も一生懸命やったほうがいいし、遊びも一生懸命やったほうがいいしな、女もつくったほうがいいし。

最終的に、よく「ひとりさんみたく成功したいんです」って言う人がいるから、俺は「運が良かったからです」って言うけど、いいか。信じるんじゃないぞ（笑）。

筋骨たくましいやつがいたら、「自然になりました」って絶対ウソだからな（笑）。

筋骨たくましいやつ、絶対運動してるんだからな。

それとおんなじように、俺が「みなさんのおかげです」って、それ謙遜っ

てやつだからな。

若いやつはしっかり覚えるんだぞ。

俺と同じになりたかったら、実力と経験がいるんだよ。実力っていうのは一生懸命考えて、行動するとできるんだよ。

経験すると間違っているところ、直さなきゃいけないところができる。

それを黙々とやり続けると、経験と実力がつくんだよ。

だから若いときに一番必要なのは経験。やりたいことをまず見つけて行動する。

で、行動すると失敗することが分かる。そうするとまたやりたくなる。

それで、やりたいことがないんですってまた始まるけど、いいかげんにしろよ（笑）。

そんなやつ、遊んでくれるやついないからな。

二〇代のうちは、どんなことにお金を使うべきですか

（ひとり）知らないよ、自分の金なんだから（笑）。

いいか。自分の金をどうやって使うかまで、俺に相談したってしょうがないんだよ。

俺は俺の使いたいように使うの。君は君の使いたいように使うの。

だから貯金しようが、テレビ買おうが、あんたの好きに使っていいの。

あなたのお金なんだから。で、いいかい。二〇万しか入ってこないのに二五万使っちゃだめなんだよ。

パチンコやっちゃいけないとかそういうんじゃないんだよ。パチンコやりたければパチンコやればいいの。

お小遣い範囲で一番楽しいことを考えるんだよ。

だから俺は俺の楽しいことに使うの。

一生懸命働いて、得たお金はあなたのものなんだから、あなたが納得いく使い方をするんだよ。

あんたが何に納得するか、俺には分からないんだよ。クラシック音楽聞きたい人も、演歌を歌いたい人もいるんだよな。

あなたが得たお金だからあなたのものなんだよ。あなたの権利だからな。楽しく使いな。

で、貯金するやつは貯金が楽しいんだよ。使うのが楽しいやつが貯金しても、またすぐおろしちゃうから（笑）。

そういうやつはおろしに行くのが楽しいかも分かんないな（笑）。

ひとりさんの好みのタイプの有名人（女性）を教えてください

ひとり　俺テレビ見ないから、有名人が分かんないんだよ。

一番俺のところで有名なのは、柴村恵美子さんっているんだけど（笑）、それ以外有名なの知らないの。

でね、好みはTバックの似合う人。

ただね、政府高官とかさ、そういうのあるじゃない。

「頭がいいから政治家やらない？」とか、いろんなこと言う人いるけど、俺は金とかには誘惑されないの。ただ色仕掛けには弱いんですよ（笑）。

だからいい女のスパイとか来ちゃうと、コロッとやられちゃうの（笑）。

Tバックの女にせまられたら、コロッとやられちゃうの。

ただし、俺はTバックでも、ヒラヒラがついてるの嫌いなの（笑）。ふりふりが嫌いなの。だから、その女スパイでも、ふりふりがついてた場合、「そんなことで国家の秘密が語れるか！」とか急に態度が変わるの（笑）。そういう人ですから。

色白むっちりでTバックが似合う人。ただし、ふりふりがついてない人。好みっていうのはそういうもんだね。これからの若者は、このくらい明確に自分の好みを言えるようにならないと、だめだね（笑）。

毎日をもっと燃えて生きるためには

今年から仕事を始めたのですが、その日をなんとか終えられればいい、という毎日で、一日の楽しみも寝ることとか、ネットで動画を見たりすることで、全然、燃えていません。毎日をもっと燃えて生きるために、何をしたらいいですか。

ひとり　楽しくないのは目的に向かってないんだよ。

船を一生懸命こいでいて、自分がハワイに行きたいんなら、ハワイにちゃんと目標が向かってないといけないんだよ。

ハワイにちゃんと目標が向かっていれば絶対楽しいんだよ。

簡単に言うと、仕事というのは、儲からないといけないんだよ。

だからちゃんと儲けを出すというのが、ハワイに行くのと同じことなんだよ。

ちゃんと儲けを出さないで家賃も払えない、自分の生活もできない、人のお給料も払えない、税金も払えない。

だいたい儲からないような商売はお客に喜ばれてないいんだよ。

だってお客が喜んでいれば、もっといっぱい来るんだから。そのこと考えたとき、ちゃんと目的に向かってないの。

で、こういう人っていうのは、「うちは利益なんか度外視してやってるんです」って言うけど、そんなことを言ったら、会社が成り立たないんだよ。

ちゃんと適性な利益を上げても、喜ばれる会社にする。

この人の話、聞いてておもしろくないもん（笑）。

だから客もおもしろくないと思うんだよ。自分がおもしろくないって語ってるけど、その前に客はもっとおもしろくないはずなんだよ。
だって今、質問聞いてても、おもしろくない質問だなと思うんだよな（笑）。
俺の話は楽しくておもしろいから、こうやって聞きたい人がいるんだよ。
商売やってるあんたがおもしろくないのは、問題なんだよ。
「疲れて寝るだけです」って、それおもしろくもなんともないよ。
疲れてもいいから一杯のみに行くとか、何か考えな（笑）。
楽しくならなきゃ商売うまく行かないよ。
だって楽しくないやつに会いたくないもん。それ大切だからね。
自分で自分を楽しくできないんだよ。
今の時代は自分で自分を楽しくさせてから、人まで楽しくさせなきゃだめなんだよ。

後片付けがどうしても苦手で部屋がごちゃごちゃしています。どうしたらいいですか。

それはね、苦手な人はやんなきゃいいの。

それで、その分一生懸命働く。あと、片付けないということは、片付けている人より暇があるんだよ。

だからそういう人っていうのは、今お金出すと、片付けにきてくれる人がいるんだよ。

だから得意なことやって、得意じゃないことは人にやってもらうの。

そうすると、企業も成り立つしな。

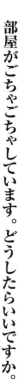

結婚はどういうタイミングで決断すればいいですか

ひとり　結婚って決断じゃないの。さだめなの。
決断しようがしまいが、する人が出てくるとするの。
一番相性が悪いのが出てくるとするの。そういうものなの（笑）。
俺は結婚してしあわせになった人見たことないの。
まれにしあわせな人もいるの。でもその人は、しなかったらもっとしあわせ。
いくら俺がこう言ったって、結婚する人が出てくるとするの。
俺がやめろやめろって言ったら、みんながやめるわけじゃないの。
結婚する人っていうのは前世から決まってるの。

まず会うと、スイッチがカチッて入るの。で、その人の声を聞くと、もう一段スイッチが入るの。

そうすると、その人ともう結婚しちゃうの。

親が反対しようが何しようが、そういうことになってるの。

で、しない人はしないさだめなの。

そろそろ子どもを生みたいけれど……

仕事でもあなたがいないと困る、と言われていて、子どもをつくろうかどうか迷っています。どうしたらいいでしょう。

ひとり 分かんないなー。

その職場がどういう職場なのかも分かんないしね、子ども生んでもしあわせだし、子ども生まなくてもしあわせだし、しあわせな人は何してもしあわせなんだよな。

こういう質問ってね、難しいよな。俺がこう言ったからこうなるってわけじゃないしな。

子どもができないから、ひとりさんに協力してほしいとかな（笑）。そういう、なんか、俺も楽しい話がいいな（笑）、聞いてるとな。

（ちなみにひとりさんは協力するんですか）

それはもう、困っている人がいたら協力しないとしょうがないじゃない（笑）。

相談ごとっていうのは、自分だけ楽しんじゃだめなの。

俺も楽しくなかったら、来週から来ちゃだめだよって言うに決まってるの（笑）。

人も楽しくて俺も楽しいのが大我なの。分かったかい。

相手がどんな質問をしてきて、それがどんなに暗い質問だからって、俺が暗くなったら不幸な人がふたり増えるの。

いいかい、向こうが俺に近付くの。俺はしあわせで、元気なの。

俺が向こうに近付いちゃだめなの。向こうが一歩でも半歩でも俺に近付くの。

それの基準は、どんなことがあっても俺の機嫌を損ねちゃだめなの。

みんな、しっかり自分の機嫌取るんだぞ。人の機嫌なんてとってたって、どうにもなんないからな。

いつも笑顔でいるんだよ。そしたらなんでも解決するから。

悩みごとって、時間が来れば解決するんだよ。

その時が来るまでの間、笑顔でいるかブスッとしているかで、次の修行が違うんだ。

お金に感謝とは？

人間関係について感謝することは多いのですが、『お金に感謝』と言われても、今ひとつピンときません。『お金に感謝』とは、例えばどういうことなのでしょうか？

（ひとり）あのね、今の子ってあんまりほら、お金に困ることないから、分からないんだよ。

お金に困ると、自然に感謝するようになるんだよ。

息吸わないでしばらくいると、空気に感謝したくなるんだよね。

とりあえず息止めてみて、一分息止めていると、一分空気がないだけでこんなに大変なんだって（笑）。

お金が十日も二十日も一カ月もないと、大変なんだよ。
感謝っていうのは理屈で生まれるものじゃないから。
あと、お金に困ったことなくても感謝できる人っているんだよ。
そういう人は自然に金持ちになる人。
大概の人は、困ってから感謝するんだよな。どっちでもいいんだよ、感謝すれば。
感謝って、俺が教えたからってできるものじゃないから。
今までお金に困らない生活を送ってこられたんだと思うよ。良かったな。
自然に感謝したくなるときが出るまで待ってればいいんだよ。

今の仕事は好きです。でも、やってみたい仕事もあって……

自分とやってみたい、と言ってくれている方もいます。でも今の仕事は当分辞めさせてもらえそうにありません。どうすればいいのでしょうか？


（ひとり）やりたいことやったほうがいいよ。

辞めさせてくんないって言ったってさ、いついつまでに辞めさせてくださいって言えば辞めさせてくれるんだから。

だから、やめて自分のしたいことやったほうがいいよ。

どうせ一生一回だから。もったいないもったいない。

おごりの気持ちが出てきてしまいます

少し物事や仕事がうまくいきだした時に、おごりの気持ちが出てきてしまいます。そういう時どうすればいいでしょうか?


ひとり　あぁ、これはね、右の手をじっと見るの。

それで、その手で右の頬を思いっきり叩くの。

で、必ず「お前はいつからそんなにえらくなったんだ、人さまの前ででかい態度をとるほどえらくなったんだ!」って言って思いっきり叩くの（笑）。

なかなか人は叩いてくれないからな。だから思いっきり。

往復ビンタでもかまわない。ともかく反省するまで殴り続ける。

自分で傲慢になったんだから、自分で直すのが一番。人に注意されて直るなんて、人は忙しいんだから（笑）。

自分でやったことは、自分で責任とるクセつけなよ。

人のことやっちゃだめだよ。自分のことやっても別に罪にならないんだから。

力入れてやるんだよ（笑）。そうじゃないと直んないからな。

私は、今、行政書士の勉強をしています……

資格が取れたら開業したいと考えていますが、今まで会社員としてしか働いたことがなく、自分に開業できるだけの器量があるのかどうか分かりません。

一人さんは、何をきっかけに開業しようと決めましたか？


ひとり 俺の場合はね、勤め人やったことがないから分かんないんだよ。

一人さんは勤め人に向いてますかねって聞かれても、やってみなきゃ分からないって言うだけなんだよね。

だからこの人が、開業してからどのぐらいがんばるか。

ともかく開業ってスタートラインだからね。それからどのくらい改良したり努力したりするかっていうのは、その人の問題だから、その人がどのくらいがんばるか。

で、世界中であんたは向いてないよとかって言える人は、いないと思うんだよね。

ともかくね、歌手になりたいって言ったら一曲歌ってみなって言うじゃん。それと同じように、商売もやってみないと分かんないんだよ。やってみてだめだったら、また勤め人に戻ればいいんだよな。

で、一生懸命やるしかないんだよね。だから誰かに相談したい気持ちも分かるけど、最後は自分の決断しかないんだよ。

だめだったら、またサラリーマンに戻ればいいんだよ。だって戻れない人生なんかないよ。

主婦でも、押し出しをしてもよいのでしょうか

みっちゃん先生の『押し出しの法則』を読ませていただき、さっそく中古でもいいのでバッグを買おうと探しているのですが、現在私は専業主婦で、自分の仕事がない状況ですので、買うべきではないでしょうか？　主婦でも押し出しをしてよいのでしょうか？

ひとり　買うべきではないでしょうかって、どういう意味？　買わないほうがいいんじゃないかって聞いてるわけ？　あぁ、なるほどね。あの、主婦っていうのはね、子どものためにも旦那のためにも押し出さなきゃだめ。

中古のバッグなんか安いから。で、そうやって押し出してるうちに働きた

くなる。

そのうち新品が欲しくなるし、もっといいのが欲しくなると働き出すから。

人生楽しくなるしね。お母さんがキレイにしてたり、奥さんがキレイにしてたりすると、旦那も喜ぶしね。

地味な女が好きっていうのは、地味な女が好きなんじゃないの。

金かかんない女が好きなの（笑）。

でね、世の中ってね、中古のバッグだろうが新品だろうが、売ってるんだよ。

売れれば喜ぶんだよ。ベンツでもロールスロイスでも売ってるんだよ。

金さえ出せば買えるんだよ。問題は金がないことなんだよね（笑）。

バッグの問題じゃないんだよ。金がないことなんだよな。

だから中古のバッグぐらいサラッと買えるようになるし、新品が買えるように次なろうって言うと、働く気もわいてくるよ。

あんまりしみったれたこと言ってると、家中しみったれるから（笑）。

子どもにうつったら大変だからやめな。

「お母さん中古でいいから、これ買ったからね。今度は新品買えるようにするよ」とかね。

母親って一家のスターだからね。

もっと魂の成長を加速させたいです……
自分が成長しているのかどうか、見極める方法を教えてください。

ひとり　これ勉強してるとね、昔「立派な人だな～」とか「頭の良い人だな～」とか思ってた人がいるんだよ、たいがい。

で、自分が成長すると、その人と話してみたとき、この人頭おかしくなったんじゃないか？（笑）とか、何言ってるんだろう？　とか思うから。

自分が成長しちゃうと、何アホみたいなこと言ってるんだろうっていう気になるから。昔自分より優れてた人と会って話してみると分かる。

下から見ると、山は高く見えるけど、もっと高いやつに登ると低い山に見えるんだよな。それと同じ。だから昔のそういう人に会ってみるといい。

仕事中、しゃべりかけてくる先輩がいます……

内容は世間話で、特別な内容というわけではありません。頻繁にしゃべりかけてくるので、仕事が進みません。どんな風に対応すればよいのでしょうか？

ひとり　だいたいね、会社ってね、一〇人でできる仕事は九人でやるもんなんだよ。で、みんなが忙しいと、しゃべってる暇がないんだよ。

しゃべりかけてくるくらいだからおそらく、一〇人でできる仕事を一二人くらいでやってるんだろうな。

だからおそらく、隣はしゃべりかける、自分は仕事が進まないって、それでも成り立つ会社なんだろうな。じゃなかったらつぶれちゃうもん。

それで俺、冷たくて言ってるんじゃないんだよ。このことを分かってもらいたいことがあるんだけど、あのね、一人一人に起きる問題が違うんだよ。それでね、自分で自分の問題を解決しなくちゃいけないんだよ。俺がこうやってやったらいいよって言うのは、一たす一は二だよって言うのは、数学だけに当てはまることなんだよ。

昔、アラン・ドロンっていういい男がいて、アラン・ドロンが映画で素敵な口説き文句言ったら女がイチコロだったからって、そのへんのやつがそれを真似して言ったら、女がイチコロで落ちますかって言ったら、そんなことはないんだよな（笑）。

誰が言うかなんだよ。

美空ひばりが一曲歌うと三〇〇〇万もらえる。だけどおそらくあんたが歌うと、三〇〇〇円取られるんだよな（笑）。

同じセリフで同じ音楽なんだよ。でも金取られる人と、もらえる人がいるんだよ。

一人一人全員違うんだよ。だから俺が答えを教えたとき、俺ならそれでうまく行くんだよ。

要はあなたに神が出した問題だから、自分の全知全能を使ってどうやったら解決できるだろうかっていう、一つの修行みたいなものなんだよ。だから俺が教えることは参考意見にしかならないんだよ。こう考えるよっていう。

自分は自分でどうしようかって、いいと思うこと全部やる。

で、うまく行かないことはすぐやめる。で、また新しいことやる。で、それをクセのようにしてやるしかないんだよ。

だからここに来てる問題も全部そうなんだけど、俺に起きた問題は俺しか解決できないんだよ。

みんなに起きた問題は、みんなにしか解決できない。ただ周りはいろんな解決策があって、一〇人聞けば一〇人とも違うこと言うんだよ。

だからあなたはあなたの解決方法を見つけるしかないよ、っていうことなんだよな。

あくまでも参考なの。答えではないの。

しあわせな夫婦生活を続けて行くために……大切なことはなんですか。

ひとり　えー、結婚っていうのは、早く結婚して後悔するか、遅く結婚して後悔するかということしかないいんだよね（笑）。

そういうものだとして始めればいいの。

なぜかって言うと、修行なんだよ。赤の他人と生活するという修行なんだよ。

そういうものだと思ってやればいいの。結婚したらしあわせになれるとか、あなたがしあわせにしてくれるとか、勝手な妄想を描くから失敗するんで、そのことをふまえて修行なんだ。

早く結婚しても後悔だし、遅く結婚しても後悔なの（笑）。

なぜ後悔かというと、入り口が間違ってるの。結婚したらしあわせになれると思ってるの。

そういうふうにできてないんだよ。で、まれのまれにいい旦那とか、いい奥さんっていいるんだよ。

本当にまれに。で、そういう人っていうのは早死にするんだよ、優しい方が。

そのかわり、嫌な亭主は長生きしてくれるから（笑）、どっちにしろ困ったことするの。

要は、他人ってこうなんだってことが分かればいいの。

それを自分の思い通りにしようとしたときに、すごい大変なことが起きるの。

例えば奥さんが旦那さんのことを思い通りにしようとして、思い通りになった旦那がいたとするじゃん。それ、ものすごいストレスに耐えてるの（笑）。だって生まれてきた環境が違うのに、いい旦那をずっと続けているんだよ。ストレスたまっちゃってそれが日常化してくると、長生きできないんだよ。で、わがまま言ってるやつの方が長生きなの。ストレスないから。

いい旦那とかいい奥さんのほうが早死にする。

いいことしてる人は、最後の最後にはいい思いできるとかって言うけど、そんなんじゃない（笑）。わがまま言ってるやつの方が長生きだから見ててみな。

我慢しているほうがストレスが強いんだよ。わがまま言っているほうがストレスないんだよ。

そんなことが分かるのも、結婚してみてなんだよ。

本当のことが分かると世の中、本当におもしろいんだよ。

で、結婚する相手っていうのは決まってるの。出てくると必ず結婚しちゃう。さだめだから。

で、そこから修行が始まる。

運命の人と呼んじゃだめ。修行の人（笑）。

でも修行だけど、修行をいつでもやめることもできる。いい時代になったの。

見方がちゃんとしてれば結果はちゃんとなるの。間違った見方から始まるから、自分が不幸になるんだよな。

しあわせにしてもらおうと思ってると、旦那が変なこと言うと嫌になっちゃうけど、修行だと思ってると「いい修行だな～」（笑）。

旦那がバカなこと言ったとき「いい修行だな～」「この人以外にこんな修

行させてくれる人はいない」（笑）。

それが分かり出すと「お互い、いい修行してるよね」って、それが言い出せたときにしあわせがやってくるね。

早く修行だって気が付いたほうがいいね。

誰と結婚しても後悔なんだよ（笑）。最初はみんな立派なこと言ってんだよ。どうせならこの人と修行したいとか、いろいろきれいごと言うけど、本当に修行が始まってみると、滝に打たれるなんて甘いもんじゃない（笑）。

滝の上から材木が落っこってくるぐらいに考えていないとね、やってられないよ（笑）。

ここからは柴村恵美子より皆さんへメッセージをお届けします。

笑いながら一人さん脳になる

一人さんの解答集、楽しんでいただけたでしょうか。ちなみに私はこの本を制作中、三回読んで三回とも、声を出して笑ってしまいました（笑）。

みなさんが寄せてくださった、日常生活のちょっとした悩みや、誰もが共感できるような問題だからこそ、一人さんの即答ぶりやシンプルな解答が、印象的だったのではないでしょうか。

ここでは、笑いながら一人さん脳になるというテーマで、少しお話ししたいと思います。

笑っていたら悩みが消える

私は仕事柄、新幹線や飛行機で移動することが多いのです。そのとき、周りを見渡していつも思うこと。それは「つまらない顔をしている人が多いな」（笑）。

眉間にシワを寄せたまま、ずっと腕を組んでいたり、景色を見ているのに、目が怒っていたりする人が、あまりにも多いと思うのです。

それを一人さんに伝えると「その人たちはね、頭の中がつまらないんだよ」と。

「頭の中にあることが顔に出るからね、つまらない顔してる人は、考えてることがつまらないの」

確かに同じ乗客でも、これから家族旅行に出かける様子の、お父さんやお母さん、お子さんたちは、窓の外を見てはニコニコ、お菓子を食べてはニコニコ、寝ているときまで楽しそうです。

頭の中が楽しみでいっぱいだったら、自然とそういう顔になるのですね。

ところで一人さんは、普段どんな顔をしているのですか？　と言うと、もちろんいつもニコニコ。ドライブをしているときも、仕事の会議をしているときも、講演会のステージに向かうときも、いつも変わらないニコニコ笑顔なのです。

まるで何か楽しいことが待っていて、わくわく楽しみでしょうがない、そんなふうに見えます。

ある日ドライブ中に、一人さんに一本の電話が入りました。一人さんは

「はい、はい、分かったよ〜」「じゃあ○○をこうして、△△を誰々にたのんで……」何か、指示を出している様子です。そして優しい声で「よろしくね」と言って電話を切りました。

あとで何かあったんですか？　と聞くとびっくり。「それ、すごく大きなトラブルじゃないですか！」

電話で話す一人さんを見ているかぎり、少しも早口になったり、怒った口調になったりせず、いつもと変わらないので、トラブルが起きているとは、思いも寄らなかったのです。

普通だったらトラブルなんか起きたら、まず、なくなるものがあります。それは笑顔です。そして、笑顔のなさがもっと暗い方へ、暗い方へと考えを深めて行くのです。

特に私たち日本人の国民性かもしれませんが、日常生活の中でも道行く人、通勤中の人、真面目そうな人、真顔の人が多くないでしょうか。

私もかつてはその一員でしたから、真顔の人が多いな、なんて思うこともありませんでした。けれど一人さんの教えを知って、笑顔を実践し、そして何年か前にイタリアに行ったとき、大きな気付きがあったのです。

イタリアではどこを向いても笑顔、笑顔で、目が合うと男性も女性も必ずニコッとしてくれて、レストランにいても屋台にいても、ショッピング街にいても、どこにいても楽しい笑顔のかわし合い。私は〝笑顔貯金〟がどんどんたまって行くのを感じました(笑)。

ところが日本に帰ってきて、残念なことが起きました。すっかり日常になった笑顔のかわし合いをしようと思って、目が合った男性に笑顔を向けたら、グッと逸らして、スタスタ去って行ってしまったのです(笑)。

周りを見渡しても、なんて笑顔が少ないんだろうと思い、これはもっともっと、笑顔の大切さを伝えて行かなくっちゃ！　と奮起したのを覚えています。

今、目の前に鏡が現れたら、あなたはどんな顔をしていますか。

「怖っ！」とか言って、自分の顔にびっくりしないでくださいね（笑）。

もし自分が笑顔が少ないなぁと思ったら。それはチャンスです！　そんなあなただからこそ、意識してやってみたらすごく変わります。

まずは今、この瞬間に、何もなくても笑顔をつくってみること。すると、たとえ悩んでいた人も、一時悩みから解放されます。

さらに、もっともっと笑顔を出し続けると、楽しい考えや解決策を引き寄せて「あれ？　私、なんで悩んでいたんだろう」と不思議に思ったりするのです。

「楽しい顔をしているから、その顔によく合う、楽しいことが起きるんだよ」と一人さんは言います。

楽しい一人さん脳

長年一人さんの大ファンで、「斎藤一人と名のつく本は、全部読みました」という男性がいらっしゃいました。でもその方が、この質問コーナーに対して「一度も答えを当てられたことがないんです」というご感想をくださいました。

それ、すごく分かります（笑）。

「こんな解答が来るんじゃないかな」と思っていても、思わず意表をつかれてしまうような、一人さんの発想が返ってくるんですよね。

「俺は目の前に否定的な人が二〇〇〇人いても、全然平気」という一人さんは、次から次へ悩んでいる人が来ても、その人がしゃべっているうちに泣き出しちゃっても、一緒になって落ち込んだり悲しんだりすることはありません。

そして相手だけでなく、周りで聞いている人までも明るい気持ちになる解答を、スパンと出してくれるのです。

「一緒になって聞いてあげれば、解決するという人もいるの。そういう人にはそれでいいの。

でもたいてい聞いてあげても、その人はまた、あんたのところ来るだろ（笑）。

それか、話聞いてくれる別の人探して、ずっとグチグチ言ってるだろ。それ、解決できてない上に、相手の気持ちを暗くする因果までつくってるんだよ（笑）。」

旅中に、一人さんと社長の仲間たちと、旅館に泊まったときのことです。七〇代くらいの女性が、顔を洗ったり歯を磨いたりしている一人さんに向かって、ずっとグチを言っていました。

「私は病気が四つもあるんだよ。これから手術するんだけど、それでもまだ三つあるんだよ。息子はちっとも顔出さないから、もう何年も会ってないし、誰も心配してくれる人なんかいないよ。もう七十三だし、お先真っ暗だよ」

一人さんはニコニコ笑顔のまま「そうか～あぁそうかい」と聞いています。私は、この女性はグチが止まらないけど、どうするんだろう……と思って見守っていました（笑）。

するとタオルで顔をふき終わった一人さんが、その人に向かってにっこり。

「だまってれば二十五にしか見えない！」と言ったのです。その女性は思わず笑顔になって、たちまち笑い転げてしまいました。

「俺はね、否定的なことに一分一秒たりとも頭を使いたくないって決めてるの」

私たちの脳は放っておくと、次から次へ否定的なこと、不安なことを考えてしまうようになっているそうです。だまってじっとしていたら、どんな人でもそうなるのです。

なので一人さんのように、否定的なことは考えない！　と、まずは意志を決めちゃうこと（笑）。そして、最高のトレーニングは、いつも楽しいことを考えていること。どのくらい楽しくなきゃいけないかって言うと、

「自分が考えていることで、自分が笑っちゃうくらいだよ（笑）」

他にも楽しい一人さん脳のエピソードは、斎藤一人・柴村恵美子著『百発百中』をご覧くださいね。

頭にあるから行動できる

先日、あるお母さんに出会いました。「小六の息子が、最近何を言っても反抗してきて困ってるんです……」

私は結婚をしたことがなく、子育てをしたこともありませんから、どうやってアドバイスしたらいいかな……と考えていたそのとき。

「あっ！　一人さんがメルマガで解答していたことだ」と思い出し、アドバイスすることができたのです。

子育て中のお母さん、会社員のお父さん、恋愛関係に悩む友人、いろんな人があなたの周りにいると思います。

この一人さん解答集によって、あの人はこういうことで困っていたのかもしれない、と気持ちが分かったり、アドバイスしてあげたりできるかもしれません。

「結婚は修行なんだよ」とか「合わない人とは会わなければいいの」とか、一般常識に全くとらわれない一人さんの解答は、自分を閉じ込めていた観念という壁を、見事に壊してくれます（笑）。

しかも、即行動できることなので、悩んで「どうしよう、どうしよう」と言っていた自分に新しい知識が入り、「ああしよう、こうしよう」に変換できるのです。

〝利口になる〟とは、生き方が利口になることだと思います。

学校の勉強ができるとか、テストでいい点が取れる、という利口もあります。

けれど、それを持ってどうするのかというと、楽しく生きること、しあわせに生きること。そんな方法をたくさん知っていることが、本当に利口な人だと思うのです。

私は読めば読むほど、いろんな人の顔が思い浮かんできて、早く伝えてあげたい！　と思いました。


最後に、一人さんのこの言葉を伝えます。

「どうせ地球に生まれる俺たちは、頭でっかちで行動しないやつがほとんどなんだよ」（笑）。

この地球は行動の星。頭の中に知識を詰め込んでも、行動しなかったら、何も変わらない星なのです。

行動するのは誰でしょう。そうです、〝自分〟です。

一人さんも、「人は変わらないよ、変えられるのは自分だけだよ」と言います。

付録の音声の中で一人さんと私が会話をしていますが、そこにもう一つイスがあります。そこに座っているのは、あなたです。

一緒に笑いながら一人さんの話を聞いて、その席を立って自分の日常生活に戻ったら、一つ、また一つと行動してみる。

そして「あなた、どうしていつも、そんなにしあわせそうなの？」と聞かれたら、行動して、変わった証拠かもしれません。

そのときあなたは、相手にいい影響を与えられる、しあわせな人になっています。

ひとりさんとお弟子さんたちのブログについて

斎藤一人オフィシャルブログ
(一人さんご本人がやっているブログです)
https://ameblo.jp/saitou-hitori-official

お弟子さんたちのブログ

柴村恵美子さんのブログ
https://ameblo.jp/tuiteru-emiko/

舛岡はなゑさんのブログ
【ふとどきふらちな女神さま】
https://ameblo.jp/tsuki-4978/
銀座まるかん　オフィスはなゑのブログ
https://ameblo.jp/hitori-myoudai-hana/

みっちゃん先生ブログ
https://ameblo.jp/genbu-m4900/

宮本真由美さんのブログ
https://ameblo.jp/mm4900/

千葉純一さんのブログ
https://ameblo.jp/chiba4900/

遠藤忠夫さんのブログ
https://ameblo.jp/ukon-azuki/

宇野信行さんのブログ
https://ameblo.jp/nobuyuki4499

高津りえさんのブログ
http://blog.rie-hikari.com/

おがちゃんのブログ
https://ameblo.jp/mukarayu-ogata/

楽しいお知らせ

無　　料　ひとりさんファンなら
　　　　　一生に一度はやってみたい

「大笑《おおわらい》参り」

ハンコを9個集める楽しいお参りです。
９個集めるのに約7分でできます。

場　　所：ひとりさんファンクラブ
（JR新小岩駅南口アーケード街　徒歩３分）

電　　話：03-3654-4949
年中無休（朝10時～夜7時）

≪無料≫　金運祈願　恋愛祈願　就職祈願　合格祈願
健康祈願　商売繁盛

ひとりさんファンクラブ

住　所：〒124-0024　東京都葛飾区新小岩1-54-5
ルミエール商店街アーケード内

営　業：朝10時～夜7時まで。
年中無休　電話：03-3654-4949

各地のひとりさんスポット

ひとりさん観音：瑞宝山　総林寺
住　所：北海道河東郡上士幌町字上士幌東4線247番地
電　話：01564-2-2523

ついてる鳥居：最上三十三観音第二番　山寺千手院
住　所：山形県山形市大字山寺4753
電　話：023-695-2845

観音様までの楽しいマップ

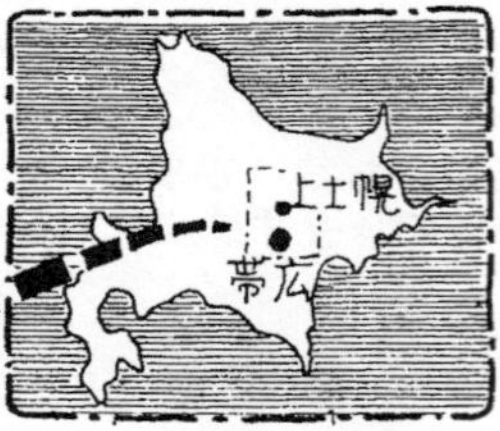

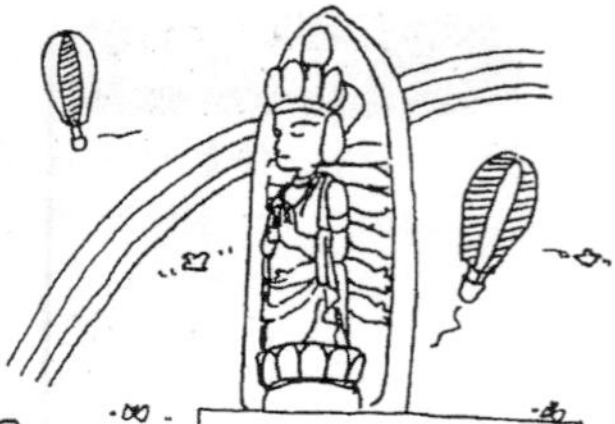

★ 観音様

ひとりさんの寄付により、夜になるとライトアップして、観音様がオレンジ色に浮かびあがり、幻想的です。

この観音様は、一人さんの弟子の1人である柴村恵美子さんが建立しました。

① 愛国←→幸福駅

『愛の国から幸福へ』この切符を手にすると幸せを手にするといわれスゴイ人気です。ここでとれるじゃがいも野菜・etcは幸せを呼ぶ食物かも！ 特にとうもろこしのとれる季節には、もぎたてをその場で茹でて売っていることもあり、あまりのおいしさに幸せを感じちゃいます。

② 十勝ワイン（池田駅）

ひとりさんは、ワイン通といわれています
そのひとりさんが大好きな十勝ワインを売っている十勝ワイン城があります
★十勝はあずきが有名で『赤い宝石』と呼ばれています。

③ 上士幌

上士幌町は柴村恵美子が生まれた町。そしてバルーンの町で有名です。8月上旬になると、全国からバルーンミストが大集合。様々な競技に腕を競い合います。体験試乗もできます。

ひとりさんが、安全に楽しく気球に乗れるようにと願いを込めて観音様の手に気球をのせています。

④ ナイタイ高原

ナイタイ高原は、日本一広く大きい牧場です。牛や馬、そして羊もたくさんいちゃうのヨ。そこから見渡す景色は雄大で感動!!の一言です。ひとりさんも好きなこの場所は行ってみる価置あり。

牧場の一番てっぺんにはロッジがあります（レストラン有）。そこで、ジンギスカン焼肉・バーベキューをしながらビールを飲むとオイシイヨ!! とってもハッピーになれちゃいます。それにソフトクリームがメーチャオイシイ。2ケはいけちゃいますヨ。

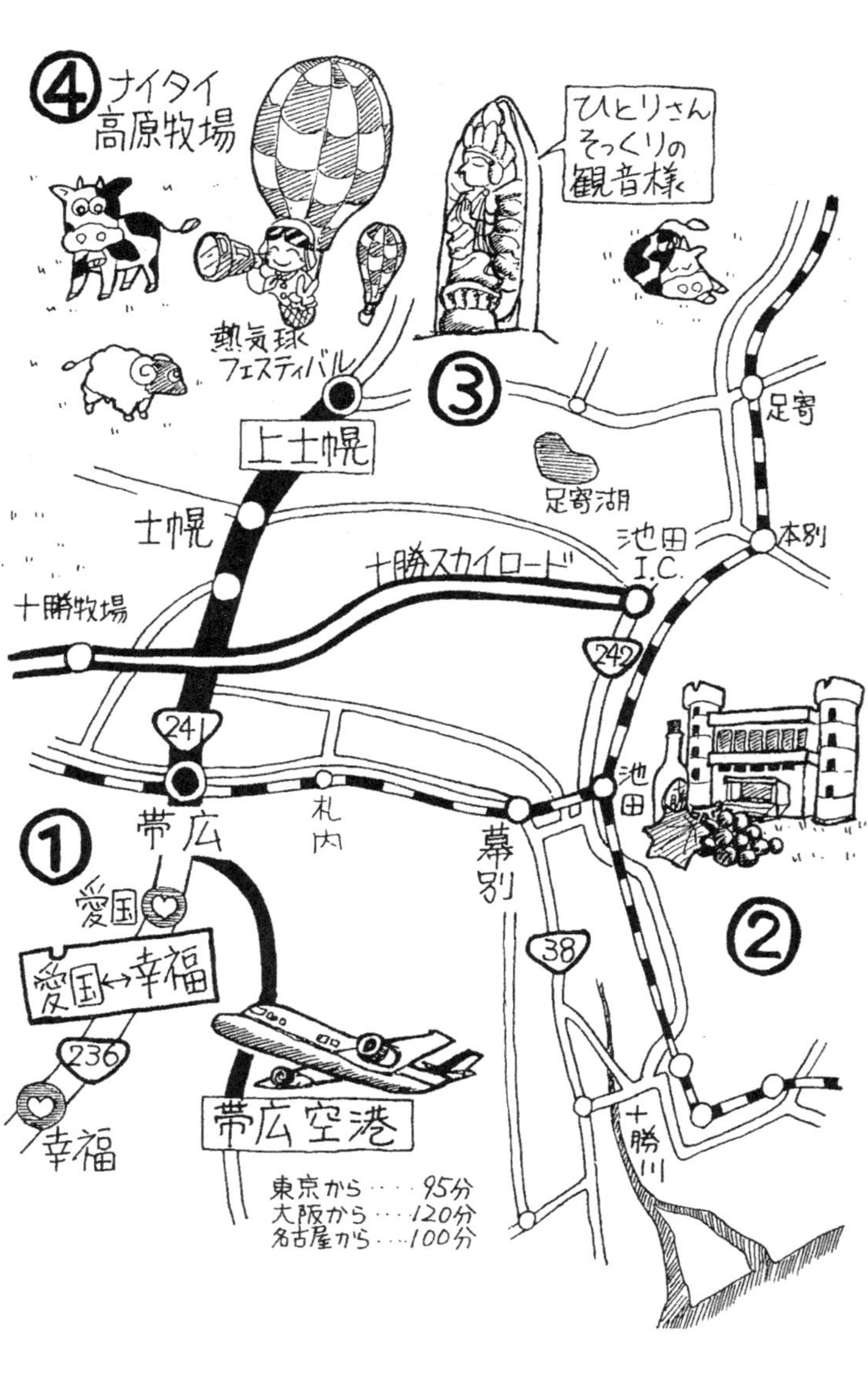
④ナイタイ高原牧場
熱気球フェスティバル
ひとりさんそっくりの観音様
③
上士幌
足寄
足寄湖
士幌
池田I.C.
本別
十勝スカイロード
十勝牧場
242
241
池田
帯広
札内
幕別
①
愛国
愛国↔幸福
②
38
236
幸福
帯広空港
十勝川
東京から……95分
大阪から……120分
名古屋から……100分

斎藤一人さんのプロフィール

東京都生まれ。実業家・著述家。ダイエット食品「スリムドカン」などのヒット商品で知られる化粧品・健康食品会社「銀座まるかん」の創設者。1993年以来、全国高額納税者番付12年間連続6位以内にランクインし、2003年には日本一になる。土地売買や株式公開などによる高額納税者が多い中、事業所得だけで多額の納税をしている人物として注目を集めた。高額納税者の発表が取りやめになった今でも、着実に業績を上げている。また、著述家としても「心の楽しさと経済的豊かさを両立させる」ための本を多数出版している。『変な人の書いた世の中のしくみ』『眼力』（ともにサンマーク出版）、『強運』『人生に成功したい人が読む本』（ともにPHP研究所）、『幸せの道』（ロングセラーズ）など著書は多数。

1993年分――第4位	1999年分――第5位
1994年分――第5位	2000年分――第5位
1995年分――第3位	2001年分――第6位
1996年分――第3位	2002年分――第2位
1997年分――第1位	2003年分――第1位
1998年分――第3位	2004年分――第4位

〈編集部注〉

読者の皆さまから、「一人さんの手がけた商品を取り扱いたいが、どこに資料請求していいかわかりません」という問合せが多数寄せられていますので、以下の資料請求先をお知らせしておきます。

フリーダイヤル 0120-497-285

本書は平成二六年三月に弊社で出版した
書籍を新書判に改訂したものです。

斎藤一人
すべての悩みに答えます！

著　者　　斎藤一人　柴村恵美子
発行者　　真船美保子
発行所　　KK ロングセラーズ
　　　　　東京都新宿区高田馬場 2-1-2　〒 169-0075
　　　　　電話（03）3204-5161（代）　振替 00120-7-145737
　　　　　http://www.kklong.co.jp

印　刷　　大日本印刷（株）
製　本　（株）難波製本
落丁・乱丁はお取り替えいたします。※定価と発行日はカバーに表示してあります。
ISBN978-4-8454-5090-9　C0230　　Printed In Japan 2019